0

nul

null

10

tien

zehn

20

twintig

zwanzig

30

dertig

dreißig

40

veertig

vierzig

50

vijftig

fünfzig

60

zestig

sechzig

70

zeventig

siebzig

80

tachtig

achtzig

90

negentig

neunzig

100

honderd

einhundert

1000

duizend

eintausend

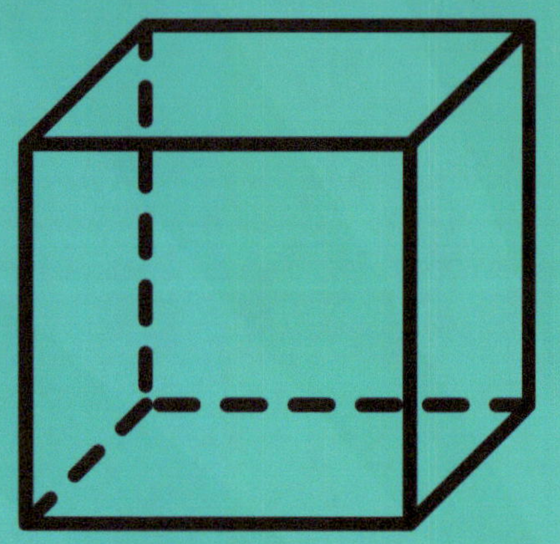

kubus

Würfel

blok

Spielbaustein

ijsblokje

Eiswürfel

karamel

Karamell

suiker

Zucker

dobbelstenen

Würfel

geschenkdoos

Geschenkbox

kartonnen doos

Pappkarton

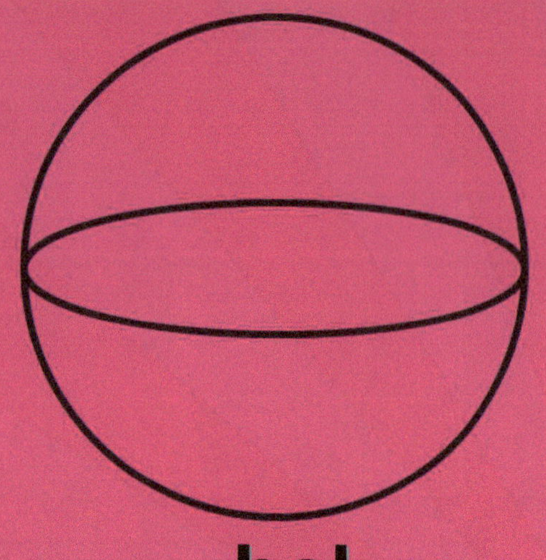

bol

Kugel

ijsschep

Eiskugel

parel

Perle

bubbel

Blase

knikkers

Murmeln

planeet

Planet

sneeuwbal

Schneeball

tennisbal

Tennisball

cilinder

Zylinder

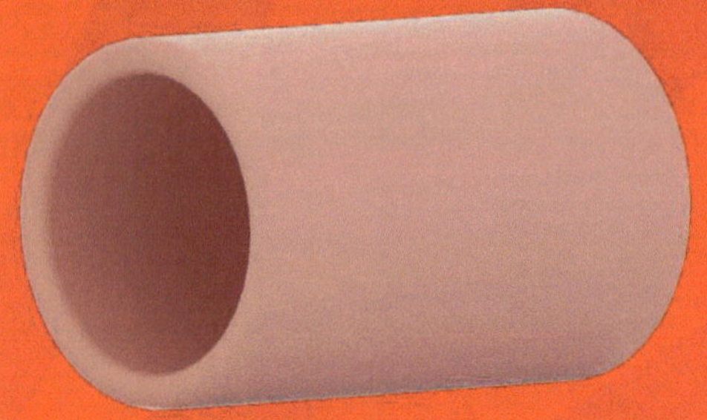

buis

Rohr

batterijen

Batterien

draadspoel

Garnspule

kaneel

Zimt

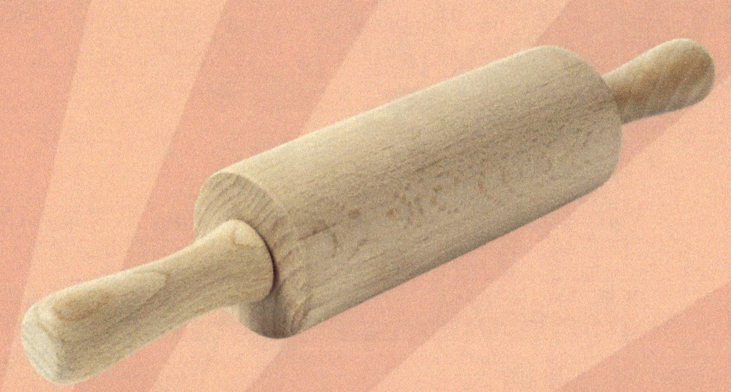

deegroller

Nudelholz

worst

Wurst

hooibaal

Heuballen

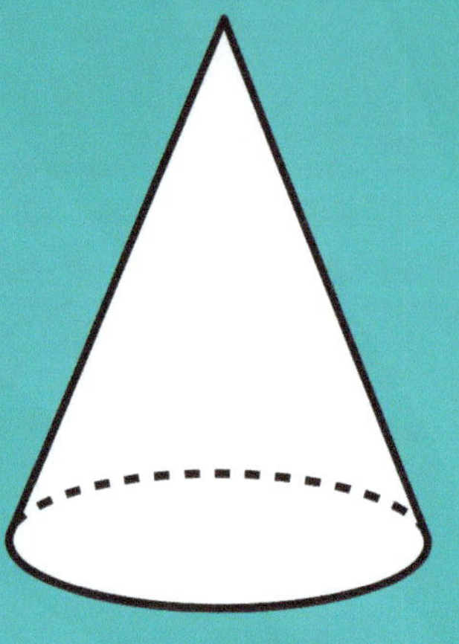

kegel

Kegel

wegkegel

Verkehrskegel

ijshoorntje

Eiswaffel

heksenhoed

Hexenhut

kerker

Kerker

spar

Tannenbaum

feesthoed

Partyhut

slak

Schnecke

braambes

Brombeere

bes

Johannisbeere

clementine

Clementine

durian

Durian

drakenfruit

Drachenfrucht

jackfruit

Jackfrucht

stervrucht

Sternfrucht

asperge

Spargel

radijs

Radieschen

rode boon

rote Bohne

raap

Rübe

cassave

Maniok

yam

Süßkartoffel

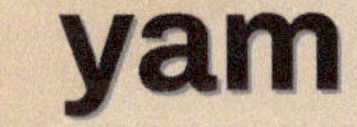

kikkererwten

Kichererbsen

adelaar

Adler

vleermuis

Fledermaus

bever

Biber

flamingo

Flamingo

raaf

Rabe

merel

Amsel

pimpelmees

Blaumeise

ekster

Elster

zwaluwvogel

Schwalbe

leeuwerik

Lerche

parkiet

Sittich

specht

Specht

pauw

Pfau

papegaai

Papagei

toekan

tukan

ooievaar

Storch

koraal

Koralle

zeeanemoon

Seeanemone

zee-egel

Seeigel

zeepaardje

Seepferdchen

clownvis

Clownfisch

goudvis

Goldfisch

krab

Krabbe

heremietkreeft

Einsiedlerkrebs

dolfijn

Delfin

narwal

Narwal

octopus

Oktopus

inktvis

Tintenfisch

walvishaai

Walhai

orka

Orca

blauwe vinvis

Blauwal

witte dolfijn

Belugawal

hamerhaai

Hammerhai

witte haai

Weißer Hai

citroenhaai

Zitronenhai

tijgerhaai

Tigerhai

sprinkhaan

Heuschrecke

rups

Raupe

schorpioen

Skorpion

hagedis

Eidechse

dinosaurussen

Dinosaurier

zwart haar

schwarzes Haar

rood haar

rotes Haar

bruin haar

braunes Haar

blond haar

blondes Haar

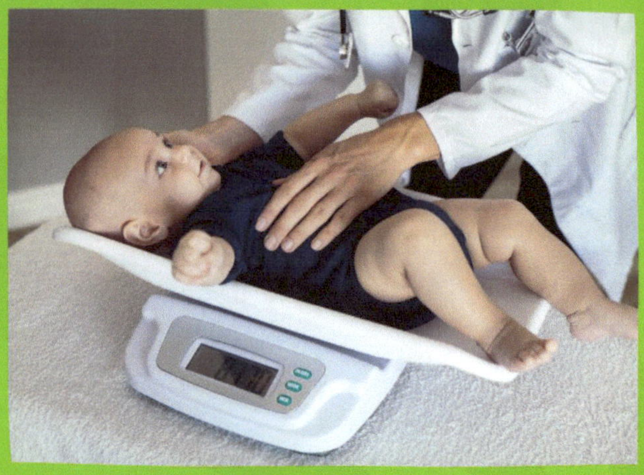

weegschaal

Waage

ziekenhuis

Krankenhaus

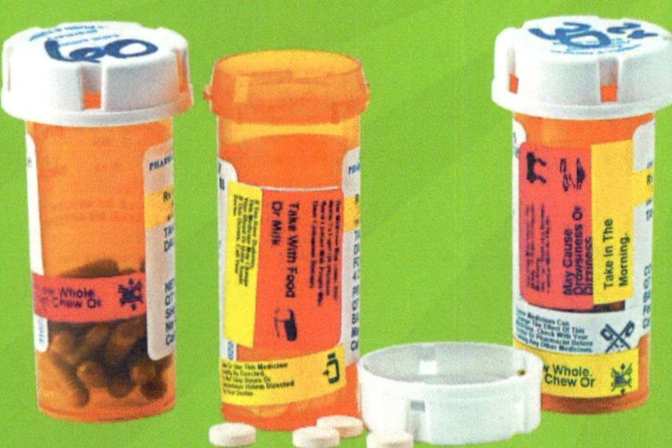

medicijn

Medizin

thermometer

Thermometer

verband

Verband

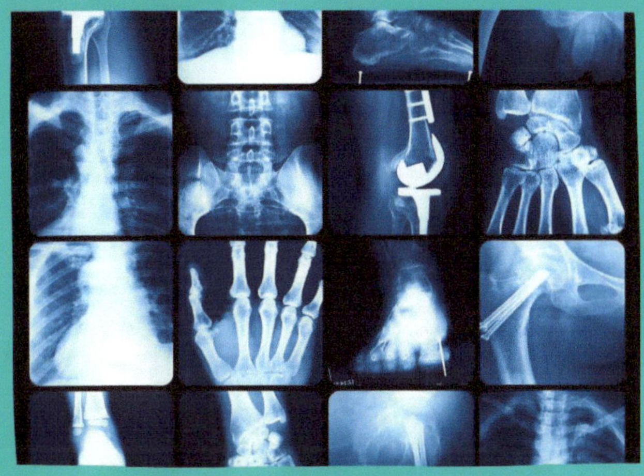

röntgenfoto

Röntgen

dokter

Doktor

EHBO-kit

Erste-Hilfe-Kasten

spelen

spielen

tekenen

zeichnen

tellen

zählen

schrijven

schreiben

dansen

Tanzen

zwemmen

Schwimmen

skiën

Skifahren

basketbal

Basketball

tennis

Tennis

tafeltennis

Tischtennis

voetbal

Fußball

paardrijden

Reiten

ijshockey

Eishockey

judo

Judo

boksen

Boxen

hardlopen

Laufen

honkbal

Baseball

cricket

Kricket

rugby

Rugby

volleybal

Volleyball

maracas

Maracas

tamboerijn

Tamburin

xylofoon

Xylophon

viool

Geige

piano

Klavier

gitaar

Gitarre

cello

Cello

harp

Harfe

trommel

Trommel

djembé

Djembe

drumstel

Schlagzeug

trompet

Trompete

hoorn

Horn

saxofoon

Saxophon

fluit

Flöte

koptelefoon

Kopfhörer

zingen

singen

bladmuziek

Notenblatt

microfoon

Mikrofon